Género Texto expositivo

Pregunta esencial
¿Qué ayuda a un animal a subsistir?

ANIMALES EXTRAÑOS

JANE BUXTON

INTRODUCCIÓN

El planeta Tierra tiene muchas clases de paisajes: desde ardientes desiertos hasta zonas congeladas, y desde océanos, ríos y lagos hasta llanuras cubiertas de hierba, selvas tropicales y altas montañas.

Los animales pueden vivir en todos estos **medioambientes**, porque tienen **adaptaciones** especiales que los ayudan a subsistir.

Muchos animales poseen adaptaciones que les sirven para encontrar alimento, vivir en diferentes climas y permanecer a salvo de los **depredadores** que los cazan para alimentarse.

Algunas de estas adaptaciones son físicas. Unos animales tienen pelaje grueso para mantenerse calientes o patas largas para huir de los depredadores. Otros tienen orejas grandes para escuchar a sus **presas**, los animales que cazan para alimentarse. También usan las orejas para escuchar al depredador antes de que se les abalance.

¡Las adaptaciones pueden ser tan extraordinarias que no te las imaginarías ni en un millón de años!

Las grandes orejas del fénec lo mantienen fresco en el caliente desierto.

CAPÍTULO 1
SOBREVIVIR EN EL DESIERTO Y EN LA SELVA TROPICAL

Vivir en el desierto es difícil, y algunos de los animales que viven allí tienen formas extrañas de sobrevivir. El lagarto cornudo de Texas tiene una forma rara de mantenerse a salvo. Cuando un depredador se acerca demasiado, el lagarto lanza un chorro de sangre por los ojos. Después, hincha el cuerpo hasta parecer demasiado grande para que su enemigo lo pueda tragar.

Las afiladas púas del lagarto cornudo también lo protegen. ¡Un depredador tendría que estar muy hambriento para tratar de comerse a uno de estos lagartos cubiertos de púas!

El lagarto cornudo de Texas se confunde con el entorno del desierto.

Los pecaríes se mantienen a salvo al permanecer cerca de sus familias.

Otro interesante animal del desierto es el pecarí. Es pequeño, maloliente y peludo, y se parece al cerdo.

Para ahuyentar a un depredador, como el coyote, el pecarí enfrenta con audacia al animal. Produce un gran ruido con los dientes. Eriza los duros pelos del lomo para parecer más grande y luego lo embiste. Cuando está atemorizado, el pecarí también emite un olor fuerte para avisar a la manada. Este olor es tan intenso que por eso a los pecaríes también los llaman "cerdos apestosos".

Si fueras un pecarí, con una familia peluda y maloliente a tu alrededor, ¡seguramente podrías hacer cambiar de idea a un depredador!

Tal vez pienses que vivir en la selva tropical es más fácil que en el desierto. Después de todo, en la selva tropical hay abundante alimento y agua. Pero eso también significa que hay muchos animales.

Poder trepar a los árboles es una habilidad útil en la selva tropical. Eso le permite a un animal mantenerse alejado de los depredadores. El oso perezoso pasa la mayor parte de su vida en la copa de los árboles. Sus garras fuertes y curvas le permiten trepar y colgarse cabeza abajo de las ramas.

El oso perezoso también se mueve lentamente para no llamar la atención. En su pelo crecen algas verdes, que lo camuflan en las copas de los árboles.

Los osos perezosos cuelgan cabeza abajo 24 horas al día.

El aye-aye tiene ojos grandes y redondos que le permiten ver bien de noche.

El aye-aye habita únicamente en las selvas tropicales de Madagascar, cerca de África. Caza larvas de escarabajos que viven dentro de la madera podrida. El aye-aye roe la madera con sus dientes afilados y hace un agujero angosto. Luego, engancha las larvas con uno de sus largos y delgados dedos. El aye-aye es **nocturno**. Eso le permite estar a salvo de los depredadores diurnos.

No obstante, está **amenazado** y pronto podría estar **extinto**. La gente ha cazado al aye-aye porque considera que trae mala suerte. Además, gran parte de la selva de Madagascar ha sido talada, lo que ha destruido el hábitat del aye-aye. Hoy existen leyes que impiden a las personas cazarlo.

Detective del lenguaje **En el texto subrayado, ¿cuál es el complemento indirecto? ¿Cómo lo sabes?**

CAPÍTULO 2

MEDIOAMBIENTES ACUOSOS

Para la mayoría de los **mamíferos**, la tierra es el medio más apropiado para vivir. Pero algunos tienen adaptaciones especiales para vivir en el agua. El manatí de la Florida es un mamífero tierno con un cuerpo liso, una cola fuerte y dos aletas frontales. Tiene una capa de grasa bajo la piel para mantenerse caliente. Todas estas cosas le permiten vivir en el agua.

El labio superior del manatí tiene dos partes que se mueven independientemente, como dedos. Esto permite al manatí agarrar plantas y ponérselas en la boca.

Los manatíes comen algas marinas y otras plantas acuáticas.

No todos los mamíferos son lo que parecen. El ornitorrinco tiene patas palmeadas y un pico. Se parece a un pato. Pero en realidad, ¡es un mamífero cuadrúpedo!

Aunque es un mamífero, el ornitorrinco pone huevos. Cuando nacen, los pequeños ornitorrincos beben la leche de su madre.

El ornitorrinco vive en Australia. Construye su casa al cavar túneles en las orillas de los arroyos o los ríos. Nada con los orificios nasales, los oídos y los ojos cerrados. Cuando siente las vibraciones de criaturas pequeñas, las atrapa con su pico correoso. Para mantenerse a salvo de los depredadores, el ornitorrinco macho tiene púas venenosas en las patas.

Un animal engañoso

Cuando los científicos vieron por primera vez un ornitorrinco hacia finales del siglo XVIII, no podían creer que esta extraña criatura fuera real. Estaban seguros de que se trataba de un engaño. Creyeron que alguien había puesto un pico de pato al cuerpo de un animal parecido al castor.

Detective del lenguaje Vuelve a leer esta página. ¿Cuántos títulos hay? ¿Cómo los identificas?

Los **anfibios** son animales que pueden vivir en la tierra y en el agua. Tienen pulmones para respirar en la tierra. En el agua respiran a través de la piel. Las ranas, los sapos y las salamandras son anfibios.

El sapo de Surinam es uno de los anfibios más raros. Vive en América del Sur, en lagunas lodosas y pantanos. Cuando la hembra pone sus huevos, estos se hunden en la piel de su lomo.

Los huevos se incuban durante varias semanas. Los pequeños sapos crecen. Cuando tienen dos o tres meses, saltan de la piel del lomo de su madre y se van nadando. Esta adaptación mantiene a salvo de los depredadores a los huevos y a los bebés.

Los bebés sapos de Surinam se incubarán en los puntos oscuros del lomo de la madre.

Otro anfibio raro es la salamandra gigante de China. Es el anfibio más grande del mundo. Puede crecer hasta casi 6 pies de largo.

Aunque esta salamandra tiene pulmones, respira principalmente a través de la piel, porque pasa la mayor parte de su vida en el agua. La salamandra gigante también tiene dos capas de piel que le ofrecen una mayor superficie para respirar.

La salamandra gigante de China tiene mala vista. Para cazar a sus presas, usa su sentido del olfato y su habilidad para sentir movimientos en el agua.

CAPÍTULO 3

CRIATURAS EXTRAÑAS DE LAS PROFUNDIDADES

El océano profundo es el hábitat más grande de la Tierra. Es extremadamente oscuro y la presión del agua es muy fuerte. Las criaturas que viven en este hábitat tienen adaptaciones que les permiten subsistir en esas condiciones.

La parte inferior del cuerpo del tiburón cortapastas resplandece en la oscuridad. Cuando los peces miran hacia arriba, no pueden verlo porque está camuflado contra la luz que viene de la superficie del océano.

El tiburón cortapastas tiene dientes fuertes y afilados.

En la mandíbula del tiburón hay una pequeña mancha oscura. Cuando un pez confunde esta mancha con un pez pequeño y nada cerca, el tiburón ataca. Sus fuertes labios agarran al pez. Sus dientes superiores se clavan en la carne. Luego hunde sus afilados dientes, como si fueran un molde de galletas, y gira alrededor. Así corta círculos de carne para comer.

El pez borrón es un pez extraño que habita en aguas profundas cerca de Australia. Pocos peces pueden aguantar la presión del agua a esa profundidad.

Sin embargo, el pez borrón no tiene músculos. Su carne parece de mermelada y es más liviana que el agua. Eso le permite flotar porque la presión dentro de su cuerpo es similar a la del agua. Como no tiene músculos, no puede moverse por sí mismo para cazar sus presas. En cambio, flota esperando a que le llegue alimento.

Pesca accidental

El pez borrón tiene un pliegue en su piel que parece una nariz. Visto de frente, se parece extrañamente a un rostro humano.

La gente no come peces borrón. Sin embargo, cuando se arrojan grandes redes al océano para atrapar cangrejos, langostas y otros mariscos, desafortunadamente se capturan peces borrón por accidente. Esto podría causar que el pez borrón se extinga.

Hay muchos hábitats diferentes y muchas formas interesantes de supervivencia entre los animales. Pero, ¿podrán subsistir todos los animales?

Para subsistir, los animales necesitan hábitats sanos. Cuando las personas contaminan el agua o talan árboles para construir ciudades, se destruyen muchos hábitats. Las personas también cazan animales. Todo esto ha ocasionado que muchos animales estén amenazados o en peligro de extinción.

Los conservacionistas y los científicos trabajan duro para proteger a los animales salvajes y sus medioambientes. Todos podemos ayudar a proteger nuestro planeta y sus sorprendentes animales.

Respuesta a la lectura

Resumir

Usa detalles de *Animales extraños* para resumir cómo se han adaptado los animales para subsistir. Usa el organizador gráfico como ayuda.

Idea principal
Detalle
Detalle
Detalle

Evidencia en el texto

1. ¿Cómo sabes que *Animales extraños* es un texto expositivo? **GÉNERO**

2. ¿Cuál es la idea principal del primer párrafo de la página 4? Usa detalles clave para apoyar tu respuesta. **IDEA PRINCIPAL Y DETALLES CLAVE**

3. ¿Cuál es el significado de la palabra *desafortunadamente* en la página 13? Emplea lo que sabes sobre los prefijos para determinarlo. **PREFIJOS**

4. Escribe sobre cómo subsisten las criaturas en la profundidad del océano. Incluye detalles del texto en tu respuesta. **ESCRIBIR SOBRE LA LECTURA**

Género Cuento de embusteros

Compara los textos

Lee sobre cómo unos animales trabajaron juntos para sobrevivir.

La liebre y el agua

El sol africano había secado la hierba dándole un tono pálido amarillento, y había partido el suelo con miles de grietas. La liebre saltaba sobre el paisaje seco.

—Jirafa —dijo—, ¿dónde está el pozo de agua más cercano?

—¿No sabes que hay una sequía? —dijo la jirafa.

—Sí —exclamó la liebre—, pero debe haber agua en alguna parte.

—Vayamos a buscarla —dijo la jirafa—. Tengo sed.

—¡Claro! —respondió la liebre—. ¡Sígueme!

Pronto se encontraron con un animal huesudo en extremo. Era el antílope que dijo con debilidad: "Agua".

—Si quieres agua, ¡sígueme! —dijo la liebre.

Luego, los tres animales se cruzaron con un león y un elefante que también buscaban agua juntos.

—Solo síganme —dijo la liebre dándose importancia.

—¡Disculpen! —refunfuñó la tortuga, mientras se abría paso a través de las patas de los demás animales, y caminaba con paso lento hasta detenerse frente al grupo—. Más adelante hay un antiguo pozo seco. Vayamos juntos allá y así podemos cavar todos para encontrar agua.

Cuando llegaron al pozo seco, el león se pronunció:

—Como todos necesitamos agua, trabajemos juntos para encontrarla.

Todos los animales comenzaron a cavar, pero, a los pocos minutos, la liebre se tumbó a la sombra. Cuando los otros animales se dieron cuenta, la liebre dormía profundamente.

—¡Esa liebre perezosa! —vociferó el león.

—Miren cómo se mueve al dormir —criticó la tortuga—. Es probable que sueñe con nuestra agua.

—Mejor miremos cómo trabaja ella mientras nosotros descansamos —dijo el antílope.

Los demás despertaron a la liebre y la obligaron a cavar. Al principio, la liebre flexionó sus músculos y fanfarroneó, pero pronto se cansó y bajó el ritmo.

—Nunca encontraremos agua a este ritmo. ¡Vamos, equipo! —gritó la tortuga.

Todos los animales comenzaron a cavar de nuevo y descubrieron agua con rapidez. Estaba turbia pero nadie se quejó. Cuando la liebre bebió, el agua le goteó bajo la barbilla.

—Trabajar juntos funciona —anunció la liebre.

—¡Felicitaciones, liebre! —dijo la tortuga—. ¡Al fin lo entiendes!

Moraleja: la unión hace la fuerza.

Haz conexiones

¿Cómo encontraron agua los animales? **PREGUNTA ESENCIAL**

¿Cuáles son algunas de las cosas que necesitan los animales para subsistir? Emplea ejemplos de *Animales extraños* y *La liebre y el agua* en tu respuesta. **EL TEXTO Y OTROS TEXTOS**

Glosario

adaptación característica especial que ayuda a subsistir a los seres vivos ***(página 2)***

amenazado en peligro de extinción ***(página 7)***

anfibio animal que puede vivir en la tierra y en el agua ***(página 10)***

depredador animal que caza a otros animales para alimentarse ***(página 2)***

extinto describe una especie que ha desaparecido ***(página 7)***

mamífero animal de sangre caliente que alimenta a sus crías con leche ***(página 8)***

medioambiente entorno donde viven los animales ***(página 2)***

nocturno activo en la noche ***(página 7)***

presa animal que es cazado para alimento ***(página 3)***

Índice

Enfoque:

Ciencias

Propósito Demostrar cómo las adaptaciones ayudan a un animal a subsistir

Procedimiento

Paso 1 Inventa un animal con un compañero o una compañera. Elige un hábitat donde viva. Podría ser el desierto, la selva tropical o el mar.

Paso 2 Decide qué adaptaciones ha desarrollado tu animal. ¿Cómo se mantiene a salvo de los depredadores?, ¿cómo encuentra alimento?, ¿cómo se enfrenta al clima de su medioambiente?

Paso 3 Haz un dibujo de tu animal. Añade rótulos para indicar sus adaptaciones.

Paso 4 Dale un nombre al animal y preséntalo a tus compañeros. Explica dónde vive y por qué necesita cada una de sus adaptaciones.

Conclusión ¿Qué aprendiste sobre las formas de subsistencia de diferentes animales en los lugares donde habitan?